W9-AVC-704

Luz y sonido

Primera Edición: 2007
ISBN: 978-84-96609-06-8
Título original: *Light and sound*
Edición original: © Kingfisher Publications Plc
Maquetación: TXT Servicios editoriales – Avelino González González

Agradecimientos
La editorial quisiera agradecer a aquellos que permitieron la reproducción de las imágenes. Se han tomado todos los cuidados para contactar con los propietarios de los derechos de las mismas. Sin embargo, si hubiese habido una omisión o fallo la editorial se disculpa de antemano y se compromete, si es informada, a hacer las correcciones pertinentes en una siguiente edición.

Pages: *cover* Alamy/Stockbyte; 1 Alamy/Stockbyte; 2–3 Corbis; 4–5 Corbis/Zefa; 6–7 Getty/Stone; 7 Science Photo Library (SPL)/Larry Landolfi; 8*l* Corbis/Randy Farris; 9*tr* Getty/Stone; 9*bl* Natural History Picture Agency/James Carmichael Jr; 10–11 Alamy/Stock Connection; 12*c* Corbis/Walter Hodges; 12–13 Corbis/Zefa; 13*t* Nature Picture Library/David Shale; 14 Corbis; 15*t* Getty/Stone; 15*b* SPL; 16 Corbis/Aaron Horowitz; 17*t* SPL/Celestial Image Co.; 17*b* Nature Picture Library/Jorma Luhta; 18–19 Corbis; 19*tl* Alamy/Phototake Inc.; 20 Corbis/RoyMorsch; 21*t* Alamy/Imageshopstop; 21*b* SPL/Lawrence Lawry; 22 Getty/Photographer's Choice; 23*t* Alamy/Sami Sarkis; 23*b* SPL/NASA; 24 Brand X Pictures; 25*t* Corbis/NASA; 25*b* SPL/Custom Medical Stock Photo; 26 Alamy/Oote Boe; 27*t* SPL/Merlin Tuttle; 27 SPL; 28 Alamy/A T Willett; 28*t* Alamy/Imagestate; 30–31 Alamy/Butch Martin; 31*c* Corbis/Zefa; 32*br* Getty/Imagebank; 32–33 Corbis/Zefa; 33*t* Getty/Imagebank; 34 Corbis/Bill Ross; 35*bl* Getty/Imagebank; 35*r* Corbis/Carmen Redondo; 36 Frank Lane Picture Agency/David Hosking; 37 Corbis; 37*br* Getty/Photodisc Red; 38 Getty/Johner Images; 39*tl* Alamy/Profimedia; 39*b* Getty/Photonica; 40*l* Photolibrary.com; 40*r* Corbis; 41*t* SPL/Hank Morgan; 41*b* SPL/NASA; 48 Corbis/Pat Doyle

Ilustración de las páginas: 8, 30 Sebastien Quigley (Linden Artists); 10, 11 Encompass Graphics

Fotografía por encargo de las páginas 42-47 por Andy Crawford.
Coordinadora de sesión fotográfica: Jane Thomas
Agradecimiento a los modelos Mary Conquest, Darius Caple, Jamie Chang-Leng y Georgina Page

Luz y sonido

Dr Mike Goldsmith

Contenido

El mundo de la luz

Los seres vivos necesitan la luz para vivir. Gracias a la luz, tenemos el día, la noche, los colores, las fotografías, las estrellas y el arco iris... En la actualidad, además, la usamos para escuchar CDs y tener electricidad.

La luz del Sol

El Sol es una estrella, una gran bola de gas ardiendo que nos da luz y calor. Sin él, no habría ningún tipo de vida

gas *– una sustancia sin forma, como el aire, que no es ni sólida ni líquida*

Mirando las estrellas

A través de los telescopios, los científicos pueden ver mejor la luz de las estrellas. Pueden saber la distancia que las separa de la Tierra, conocer su temperatura y descubrir de qué están formadas.

telescopio *– invento a través del cual podemos ver las cosas ampliadas*

Ojos y visión

Las personas necesitan luz para poder ver. Sin embargo, los animales nocturnos no necesitan apenas luz: tienen ojos enormes para poder aprovechar el mínimo indicio de luz que haya.

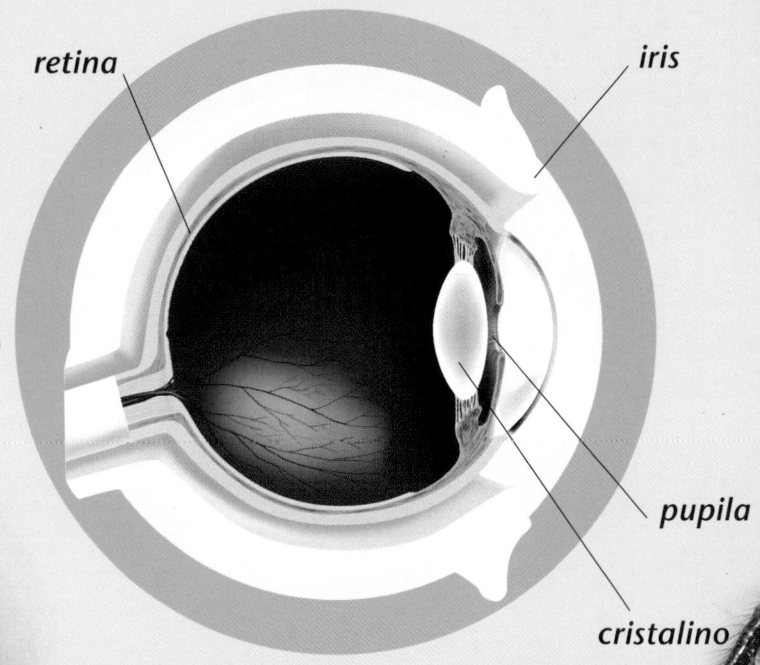

¿Cómo ven las personas?

La luz rebota en los objetos y entra en los ojos por la pupila. El cristalino enfoca la luz en la retina y el cerebro procesa lo que vemos.

iris *– es la parte del ojo que es de color*

Los ojos de los animales

Los animales nocturnos, como este búho, tienen enormes ojos. Pueden ver bien en la oscuridad y cazar de noche.

Ojos de araña

Las arañas son cazadoras y necesitan atrapar insectos para comer. Muchas arañas tienen ocho ojos y pueden ver en todas las direcciones a la vez.

retina *– una capa especial en la parte trasera del ojo que recoge la luz*

Color

Las personas pueden ver millones de colores diferentes mezclados de diferentes maneras, todos los pigmentos mezclados hacen el negro, y todos los colores de la luz mezclados hacen el blanco.

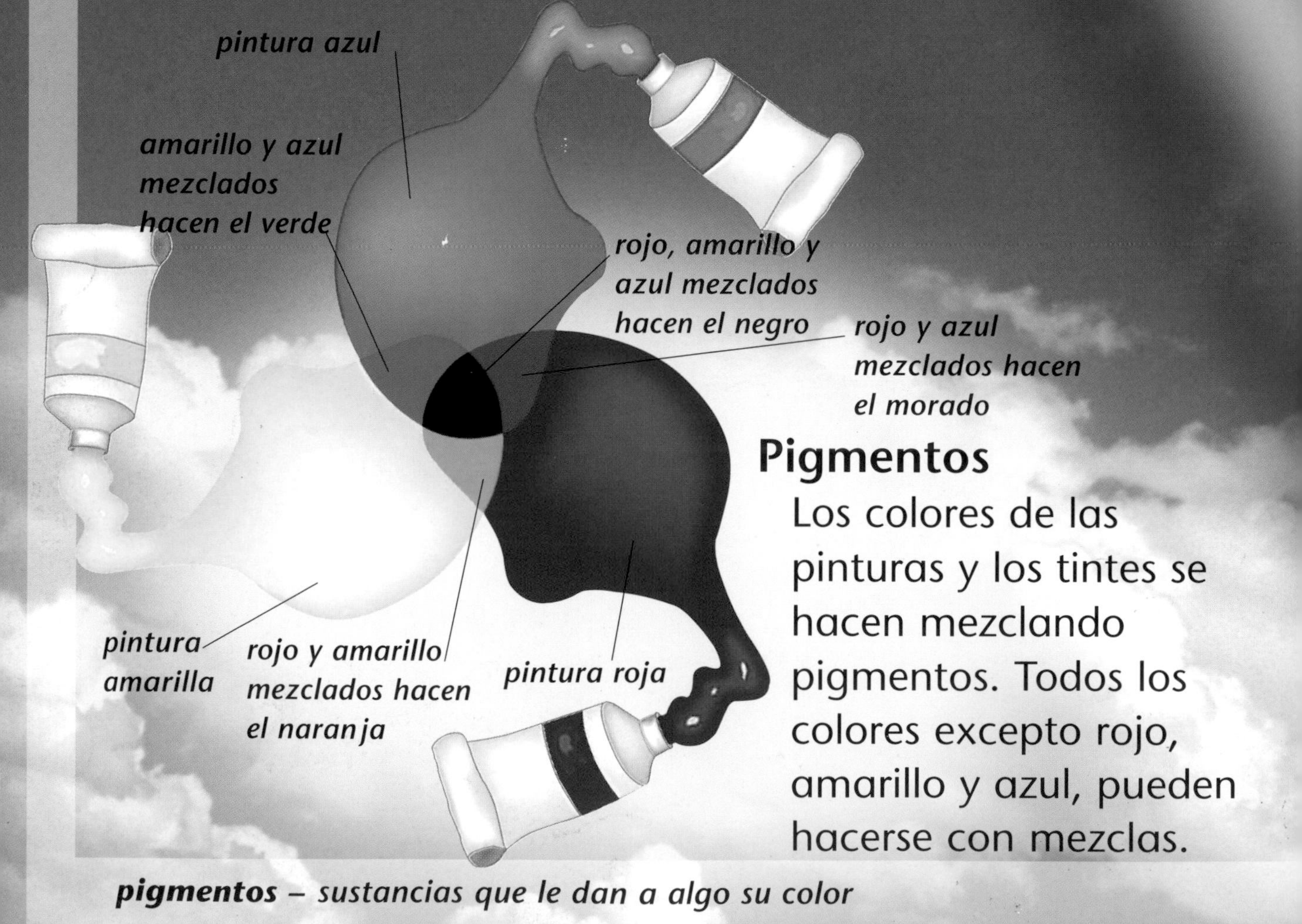

Pigmentos

Los colores de las pinturas y los tintes se hacen mezclando pigmentos. Todos los colores excepto rojo, amarillo y azul, pueden hacerse con mezclas.

pigmentos *– sustancias que le dan a algo su color*

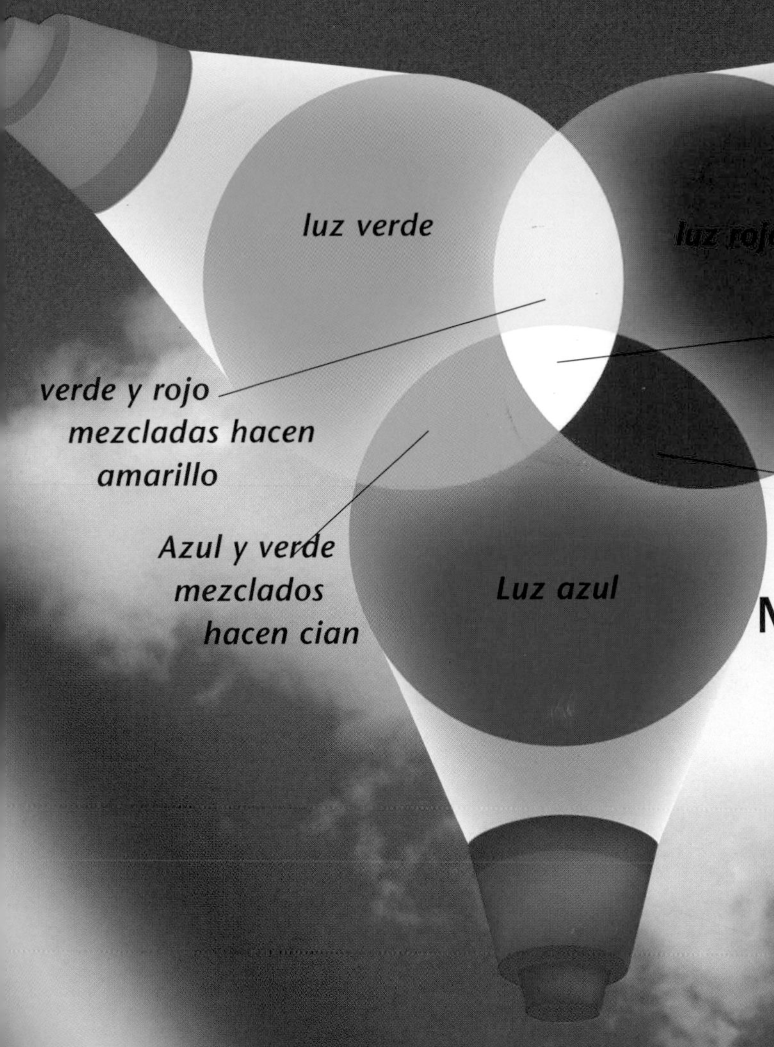

Mezclar luces

Las luces se mezclan de manera diferente que los pigmentos. Todos los colores se generan mezclando diferentes cantidades de rojo, azul y verde.

Separar la luz

La luz del Sol (luz blanca) es una mezcla de colores. Las gotas de lluvia separan estos colores para hacer un arco iris rojo, naranja, amarillo, verde, azul, índigo y violeta.

índigo *– color azul oscuro*

Hacer luz

Cualquier cosa brilla si se calienta mucho. La mayoría de la luz que vemos proviene de objetos calientes, como el Sol, las bombillas y las estrellas.

Luz eléctrica

Algunas sustancias brillan cuando la electricidad pasa a través de ellas. Cuando la electricidad atraviesa el gas neón se produce luz de distintos colores, y al ser tan vistosa se usa en carteles publicitarios.

neón *– gas invisible que brilla cuando la electricidad pasa a través de él*

Luz viva

Algunos peces que viven en las profundidades marinas generan luz con sustancias químicas producidas por sus propios cuerpos. Usan su luz para conseguir alimento.

Velas de cumpleaños

Todas las llamas iluminan. Las velas de este pastel de cumpleaños brillan al tiempo que se calientan.

***sustancias químicas** – sustancias que se combinan y reaccionan entre ellas*

La luz del Sol

Durante miles de millones de años, la luz del Sol ha brillado en nuestro Sistema Solar. El Sol se encuentra a millones de kilómetros de nuestro planeta y aun así es peligroso mirarlo directamente.

La vida de la luz

Todos los seres vivos necesitan la luz del sol. Las hojas de las plantas atrapan la luz para crecer.

Atardeceres resplandecientes

Al girar la Tierra, el Sol parece desplazarse por el cielo. Cuando el Sol está a punto de ponerse lo vemos rojo porque su luz pasa a través del viento y el aire cercano al suelo.

Mantener el calor

Gracias al calor del Sol los océanos de la Tierra se mantienen en estado líquido. Sin él, toda el agua y el aire del planeta estarían congelados.

congelado – *hecho hielo*

Luz y oscuridad

La Tierra gira en el espacio y la parte que queda de espaldas al Sol se oscurece. Por eso necesitamos otras fuentes de luz para ver por la noche.

La luz de la luna

La luna no genera luz propia. La luz del Sol se refleja en ella y la hace brillar.

fuente *– de donde proviene algo. Por ejemplo, el Sol es una fuente de luz*

Estrellas

Las estrella generan su propia luz. Muchas son incluso más brillantes que el Sol, pero se ven más débiles porque están muy lejos.

El espectáculo de la luz natural

El Sol desprende partículas cargadas de electricidad que pueden rebotar en el aire, haciendo que el cielo brille con diferentes colores.

***partículas** – partes muy pequeñas de materia*

Sombras

Cuando algo se coloca delante de la luz, proyecta sombras. Siempre hace más frío y hay más oscuridad en las sombras porque están aisladas del calor y de la luz.

Sombras

Todos los objetos sólidos proyectan sombras. Pueden ser largas o cortas, dependiendo de cómo bloqueen la luz del Sol.

bloquear *– ponerse en el camino de algo*

Oscuridad durante el día

A veces, la luna pasa entre la Tierra y el Sol, y bloquea la luz, produciendo oscuridad en pleno día. A esto se le llama "eclipse de Sol".

Luz deslumbrante

La luz rebota en la mayoría de los objetos. Por ejemplo, en la nieve se refleja mucho la luz, por eso es tan brillante. El carbón apenas deja que la luz rebote por ser tan oscuro.

Ver doble

La superficie de los espejos es tan lisa que refleja la luz exactamente igual a como la recibió.

Noches brillantes

En esta fotografía, la luz del Sol ha rebotado de la Luna al mar, haciendo que el agua brille.

Hablar con luz

La luz se puede transmitir a través de hilos de cristal llamados *fibras ópticas*. Estas fibras pueden transmitir llamadas telefónicas y datos informáticos.

fibras ópticas *– hilos delgados de cristal que permiten el paso de la luz*

Luz desviada

Los objetos que la luz puede atravesar completamente se llaman *transparentes*. Cuando la luz pasa por una sustancia transparente, como el cristal o el agua, suele desviarse.

Formas divertidas

Al pasar a través del agua o del aire, la luz se desvía y lo que vemos parece deforme. En esta foto, la luz desviada hace que el cuerpo del niño parezca más grande.

transparente *– que se puede ver a través de ello*

Vida transparente

Algunos animales marinos, como las medusas, son transparentes, por eso es muy difícil verlas en la profundidad del mar.

Más grande y más brillante

Las lupas son más gruesas en el centro, por lo que curvan la luz y hacen que las cosas parezcan más grandes de lo que son.

Luz eléctrica

La luz puede generar electricidad y la electricidad puede generar luz. En una bombilla, la electricidad calienta un alambre fino y lo hace brillar.

Luz eléctrica
Al colorear los cristales de las bombillas se producen colores diferentes. Las bombillas se calientan mucho cuando se encienden, por eso no debes tocarlas.

producir *– hacer*

Fuerza solar

Los paneles solares de esta estación espacial recogen luz y la convierten en electricidad. La electricidad es una fuente de energía.

Cirugía láser

Los rayos láser son unos rayos muy finos de luz que pueden usarse para muchas cosas. Por ejemplo, para realizar operaciones delicadas como cirugías de ojo.

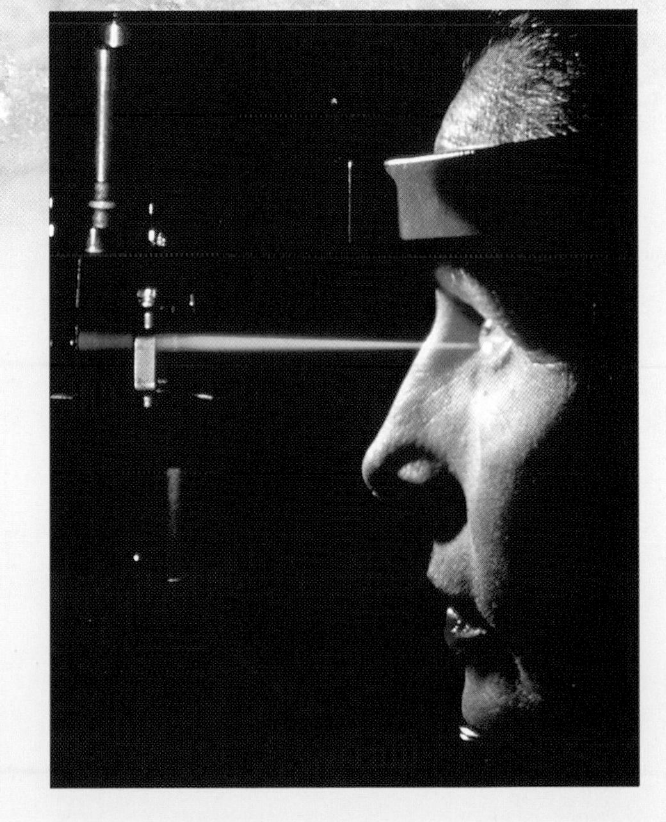

delicado *– que necesita realizarse con mucho cuidado y precisión*

Mundo de sonido

Hay sonido en todas partes. Podemos escuchar música y oír voces, pero el sonido tiene muchos otros usos. Puede "dibujar" imágenes y ayudar a los animales a encontrar a sus presas.

Sonidos molestos

A los sonidos desagradables, como el de los taladros, los llamamos *ruido*.

desagradable – *que no gusta*

Sonidos en la oscuridad

Los murciélagos utilizan el sonido para cazar. Sus chillidos rebotan en un objeto sólido, escuchan el eco y así descubren dónde se encuentra su alimento.

Sonidos sanos

Los médicos usan el sonido para generar imágenes de los bebés que aún no han nacido. El bebé emite ondas sonoras con las que los ordenadores pueden "dibujar" su imagen.

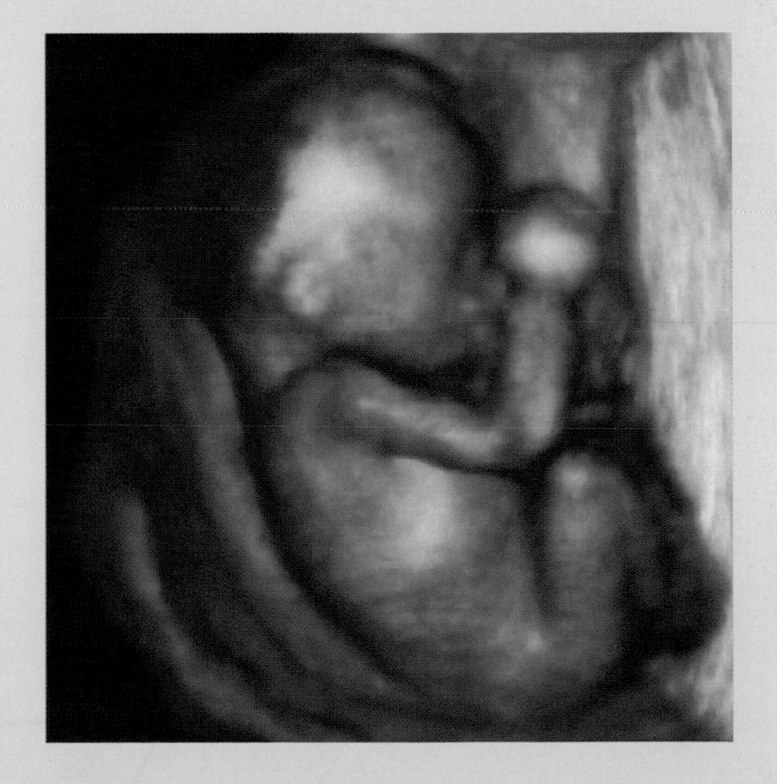

***eco** – un sonido que rebota en un objeto*

¿Qué es el sonido?

El sonido se transmite en forma de ondas. Como las ondas de un estanque, el sonido se propaga en todas direcciones y se va perdiendo a medida que se aleja de la fuente que lo produce.

¡Boom!

Algunos aviones vuelan más rápido que el sonido y hacen una ola de choque en el aire que puede escucharse como una explosión. Se dice entonces que "ha pasado la barrera del sonido"

barrera del sonido *– resistencia que experimenta un cuerpo móvil al sobrepasar la velocidad del sonido*

Espacio silencioso

El sonido puede viajar a través del aire o el agua. En el espacio no hay agua ni aire y por eso tampoco hay sonido.

Sonido veloz

El sonido viaja más rápido a través del agua que a través del aire. Esta orca utiliza chasquidos y silbidos para comunicarse.

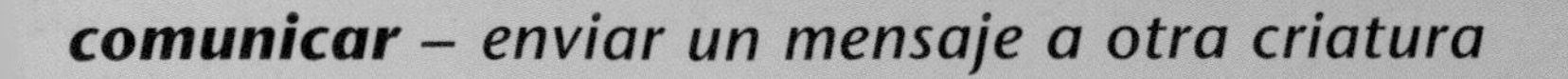

comunicar *– enviar un mensaje a otra criatura*

¿Cómo oímos?

Cuando el sonido entra en el oído, pasa por un conducto que al final está cubierto por una delgadísima pared de piel llamada tímpano.

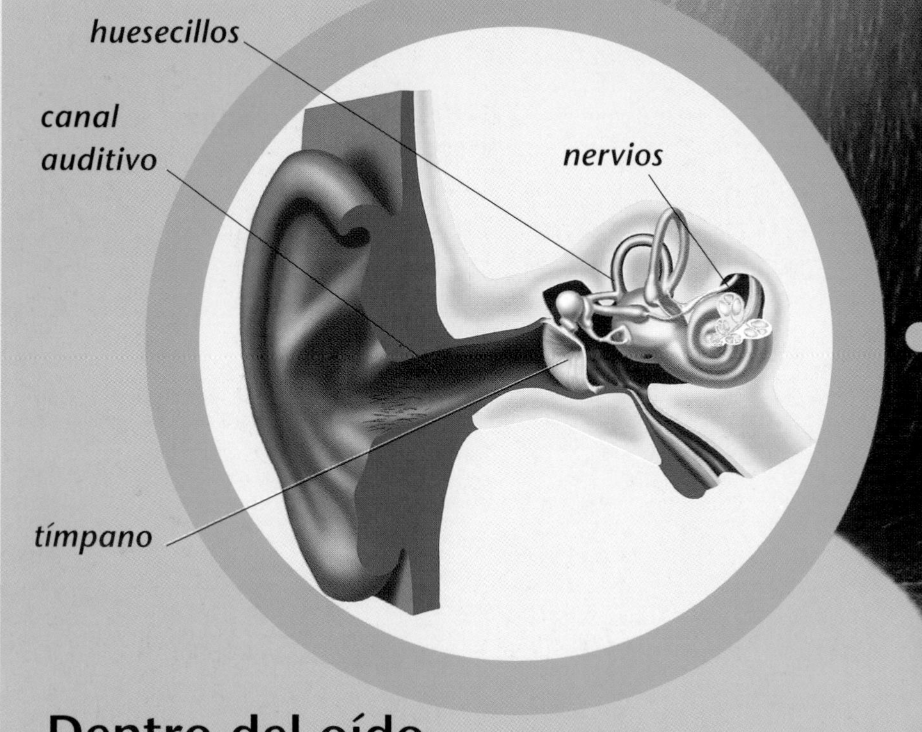

Dentro del oído

Cuando un sonido golpea el tímpano hace que los huesecillos dentro del oído vibren.

vibrar *– temblar*

Oír

Los nervios del oído envían mensajes al cerebro. El cerebro detecta qué sonido se ha escuchado.

Los oídos de los animales

La mayoría de los animales pueden oír, pero pocos tienen oídos como los nuestros. El zorro del desierto tiene enormes orejas que puede girar para escuchar el más leve sonido.

nervios *– fibras que conectan al cerebro con el resto del cuerpo*

Producir sonido

El sonido generalmente se produce cuando algo se mueve hacia atrás y hacia delante muy rápido. El objeto que se mueve puede ser una hoja con el viento, el metal de una campana o la cuerda una guitarra.

Sonidos musicales

Al soplar una trompeta se produce un zumbido en la boquilla. Este sonido se transmite a través de la trompeta.

boquilla *– parte de un instrumento musical por la que se sopla*

Voces

Cuando hablas o cantas, dos cuerdas de piel que hay en tu garganta vibran. Estas cuerdas se llaman "cuerdas vocales".

Chasquidos y crujidos

El sonido puede ser brusco, como un globo pinchado o la explosión de fuegos artificiales. Mientras vemos los fuegos oímos los silbidos que producen.

cuerdas vocales *– tiras de piel que permiten hablar a los humanos*

¿Cómo se propaga el sonido?

El sonido se propaga en forma de ondas a través del aire, agua u objetos sólidos. Las ondas se pueden perder pero son capaces de abarcar grandes distancias.

Largos viajes

Una calle concurrida es un lugar muy ruidoso. Los sonidos de la gente hablando, de coches y otros vehículos pueden recorrer largas distancias.

***vehículos** – cualquier cosa utilizada para transportar algo o a alguien*

Eco

El sonido rebota en los objetos duros, como las paredes. A este rebote lo llamamos "eco".

¿Silencioso o ruidoso?

Cuanto más vibra un sonido, más fuerte suena. Uno de los sonidos naturales más fuertes es el de un volcán en erupción. Los sonidos más fuertes provocados por los hombres son los de las canteras y las bombas.

Shhh...

Algunos animales pueden oír sonidos que los humanos no oyen. Un oso hormiguero puede oír a las hormigas moviéndose bajo la tierra.

natural *– que ocurre en la naturaleza, no es provocado por las personas*

¡Ouch!

Los sonidos muy fuertes pueden dañar los oídos. Nuestros oídos se tensan cuando detectan sonidos fuertes, así los amortiguan.

dañar *– causar daño*

¿Alto o bajo?

Las ondas de sonido se mueven a diferentes velocidades. Cuanto más rápido lo hacen, más alto suenan. Los sonidos que vibran más despacio son más bajos.

Hacer música

Las cuerdas del violín se mueven rápidamente y producen un sonido alto. Las cuerdas de la guitarra se mueven más lento y su sonido es más bajo.

***producir** – hacer, crear*

Maullidos y rugidos

Los gatos tienen las cuerdas vocales cortas y los pulmones pequeños, por eso sus maullidos no son muy fuertes. Los leones tienen fuertes pulmones, por eso rugen muy alto.

Pulmones *– los órganos del cuerpo utilizados para respirar*

Sonidos eléctricos

El sonido puede transformarse en electricidad y la electricidad puede volverse sonido. Esto sucede, por ejemplo, cuando hablas por teléfono.

Micrófonos

Los micrófonos convierten el sonido de la voz en vibración eléctrica y, después, los altavoces la transforman en sonidos.

altavoz *– dispositivo que transforma la electricidad en sonido*

Transformar el sonido

Al transformar los sonidos en imágenes, los científicos pueden ver lo que oímos. Estas imágenes son conocidas como *sonogramas*.

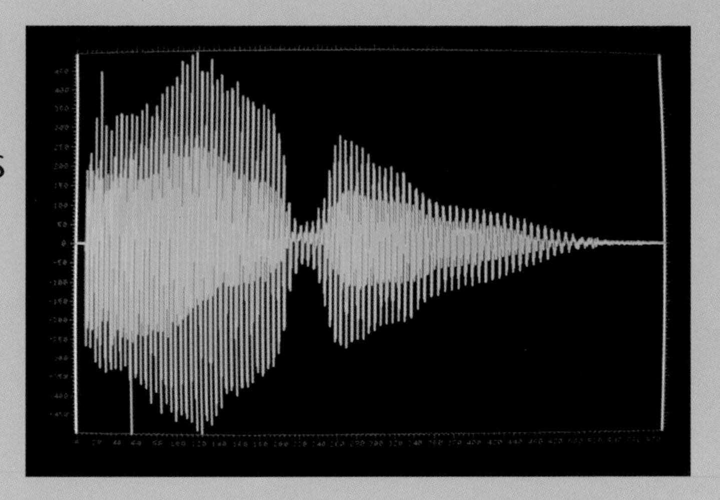

Voces del espacio

Cuando los astronautas están fuera de la nave espacial, se comunican utilizando micrófonos y altavoces.

sonograma *– es la imagen de un sonido generada por un ordenador*

Marioneta de sombras

Haz marionetas de animales

Puedes hacer diferentes marionetas, como este dragón, y preparar un espectáculo de marionetas de sombras.

Materiales
- Lápiz
- Papel de colores
- Tijeras
- Papeles de dulces
- Cinta adhesiva
- Pajitas o palos
- Lámpara

En un papel de color dibuja un dragón con la cola larga y puntiaguda, y la boca abierta.

Recorta con cuidado el dragón con las tijeras. Pídele a un adulto que te ayude en los bordes difíciles.

En un lado, pega papeles de dulces para hacer que las llamas salgan de la boca del dragón.

Puedes hacer otras marionetas de sombras, como un gato o un pájaro

Pega una pajita o un palo por detrás y dibuja un ojo, nariz y alas en el lado frontal.

En un cuarto oscuro, enciende una lámpara hacia una pared lisa y realiza tu actuación de sombras.

Coloca tu marioneta frente a la lámpara y muévela.

Reloj de sol

Descubre la hora por la sombra

Diviértete al hacer tu propio reloj.

Materiales

- Un plato de papel
- Una pajita
- Rotuladores

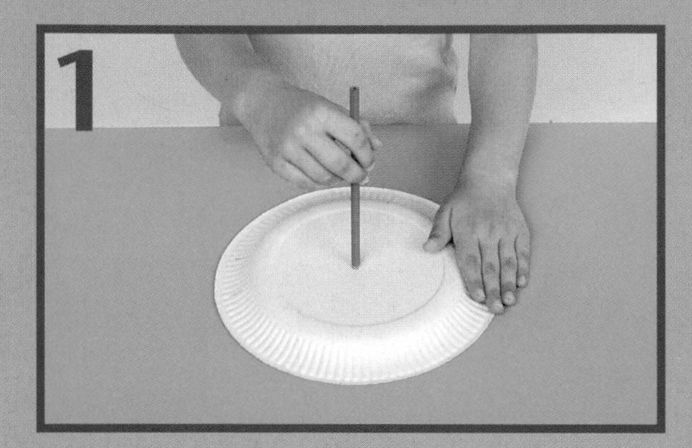

Haz un pequeño agujero en el centro del plato de papel y mete la pajita.

Pon el plato en un lugar al sol. Cada hora dibuja una línea a lo largo de la sombra que hace la pajita y anota la hora que es.

Mantén tu reloj en el mismo lugar, y serás capaz de decir la hora viendo la sombra.

Xilófono

Haz música

Puedes hacer un xilófono con vasos de agua y una cuchara de madera.

Materiales

- 5 vasos de agua iguales
- Una jarra de agua
- Colorante vegetal
- Una cuchara de madera

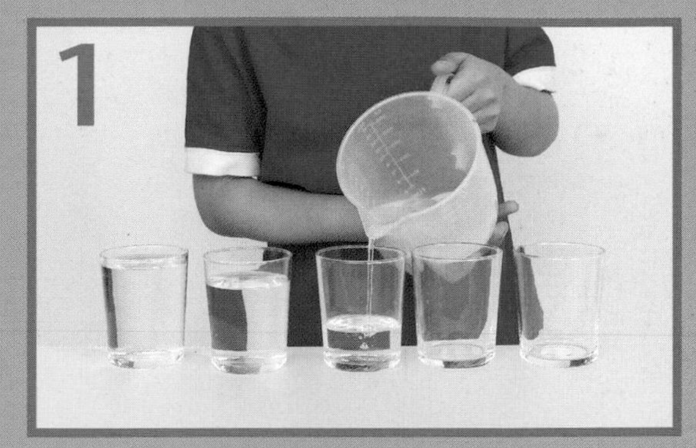

Alinea los vasos y vierte agua en ellos. Llena el primero hasta el borde, el siguiente con un poco menos que el anterior y así sucesivamente.

Puedes añadir algunas gotas de diferentes colorantes a los vasos para darle color al agua.

Golpea suavemente cada vaso con la cuchara y oirás que cada uno hace un sonido diferente.

46 Teléfono de plástico

Fabrica un teléfono

Puedes hacer que el sonido se transmita a través de un pedazo de cuerda muy fina. Los vasos de plástico harán las veces de micrófono y altavoz para que puedas oír lo que tu amigo dice.

Materiales

- 2 vasos de plástico
- Pegatinas y papel de colores
- Tijeras
- Plastilina
- Un lápiz muy afilado
- 4-6 metros de cuerda

Decora dos vasos limpios con pegatinas y papeles de colores.

El sonido de tu voz se transmite por la cuerda.

Pon una bola de plastilina bajo cada vaso y haz un agujero en el centro del vaso con un lápiz afilado.

Pasa un extremo de la cuerda a través del agujero y luego haz un nudo.

Haz lo mismo con el otro vaso. Dale a un amigo un vaso y dile que se aleje de manera que la cuerda quede tensa. Ahora, hablad por el vaso como se ve en la foto.

Si tu amigo se acerca el otro vaso al oído, escuchará lo que tú estás diciendo.

Índice